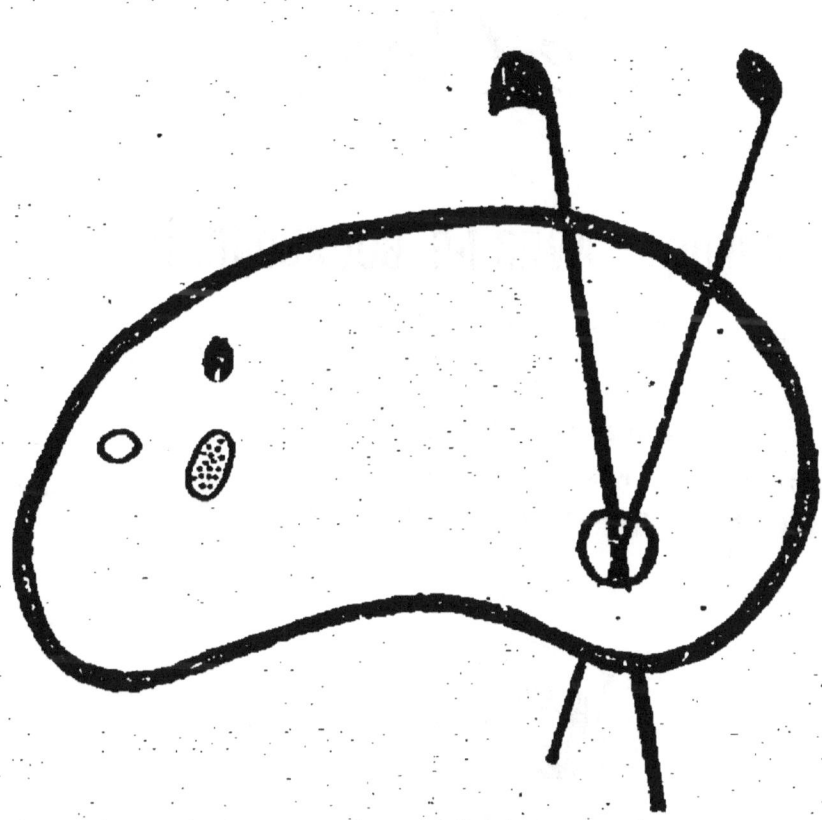

DEBUT D'UNE SERIE DE DOCUMENTS EN COULEUR

Le Château de Crozant

ET

SES RAPPORTS AVEC LE BOURBONNAIS

AVEC PLANCHES

PAR

M. l'Abbé Joseph CLÉMENT

AUMÔNIER DU PENSIONNAT DE LA MADELEINE
MEMBRE DE PLUSIEURS SOCIÉTÉS SAVANTES

MOULINS
IMPRIMERIE ETIENNE AUCLAIRE
SUCCESSEUR DE C. DESROSIERS
—
1898

OUVRAGES ARCHÉOLOGIQUES DU MÊME AUTEUR

L'église d'Huriel, description avec plan. — Moulins, imp. Et. Auclaire. 1886 (épuisé).

Le tombeau et les épitaphes des de Brosse dans la collégiale de Saint-Martin, à Huriel. — 1889. In-8º de 28 pages avec une planche. — Prix . . . . 1 fr. 50

Découverte de 300 monnaies impériales romaines et gallo-romaines de Saligny (Allier). — Extrait des *Annales bourbonnaises*, in-8º. — Prix. . . . . » fr. 25

Rapport sur la découverte de monnaies et de bijoux gallo-romains faite à Sauvagny-le-Comtal, canton d'Hérisson (Allier). — Extrait de la *Croix de l'Allier*, juin-juillet 1892. In-32. — Prix. » fr. 50

Inventaire archéologique et bibliographique des communes du département de l'Allier. — **Canton de Bourbon-l'Archambault**, avec carte et de nombreuses planches dans le texte et hors texte et des tables de noms de lieux et de personnes. — Un vol. in-8º de 196 pages, 1892. — *Tiré à cent exemplaires numérotés*. — H. Durond, libraire à Moulins, éditeur. . . . . 6 fr.

Nos églises rurales. — *Église de Saint-Pourçain de Marigny* (canton de Souvigny), avec planches. — H. Durond, éditeur (1893) . . . 1 fr.

Vitraux des églises bourbonnaises. — *Deux petits vitraux du XVIe siècle dans l'église de Gennetines* (canton Est de Moulins). — *Note sur la restauration d'un vitrail du XIIIe siècle dans l'église de Coulandon*, avec une planche. — Moulins, imprimerie Etienne Auclaire.

Le livre d'Heures de Valigny-le-Monial (non mis dans le commerce).

Notre-Dame de Saint-Germain-des-Fossés. *Histoire, Pèlerinage, Couronnement*. — Description de l'église, de la chapelle, du château, de la ville féodale, etc. In-18 avec planches. — Moulins, imprimerie Etienne Auclaire, juin 1896. (Tiré à 5,000 exemplaires.)

Les Cryptes des églises bourbonnaises. *Avermes, Billy, Doméral, Iseure, Saint-Désiré, Vicq*, avec 22 dessins. — Moulins, imp. Et. Auclaire; éditeur, M. Durond, libraire, rue François-Péron. — Prix. . 1 fr. 50

Le Tableau à compartiments de Notre-Dame de Montluçon, représentant la vie de la Vierge. — Art flamand, XVe siècle, avec planche. — Moulins, imp. Et. Auclaire (juin-juillet 1896) (non mis dans le commerce).

Notre-Dame de Moulins ou la Vierge noire miraculeuse de la Cathédrale, avec nombreuses planches hors texte et dans le texte, en-têtes de chapitre, culs-de-lampe et lettrines ornées. — Moulins, librairie Bauculat, éditeur; imprimerie Etienne Auclaire (décembre 1897). — Prix . . . . 2 fr.

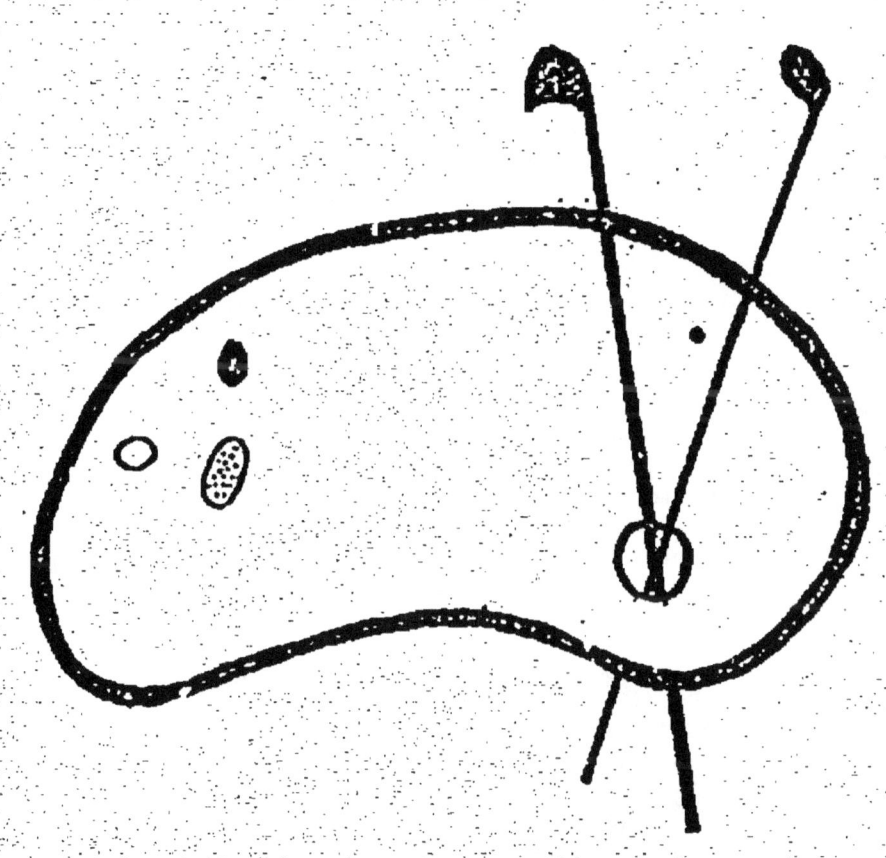

FIN D'UNE SERIE DE DOCUMENTS EN COULEUR

LE CHATEAU DE CROZANT

(CREUSE)

ET

SES RAPPORTS AVEC LE BOURBONNAIS

Ruines gigantesques. — Cinq de nos ducs, une duchesse de Bourbon, et les fils puînés de notre duc Louis Ier de Bourbon, propriétaires de Crozant. — Nos Bourbonnais dans les offices de ce fief. — Ce qu'était le château sous nos Bourbons, comtes de la Marche. — Aventures extraordinaires de l'un d'entre eux, Jacques de Bourbon...

ES ruines gigantesques du château fort de Crozant, un des plus beaux et des plus grands du centre de la France, qui couvre de ses débris un énorme promontoire, aux confluents de la Creuse et de la Sedelle, méritent une visite toute spéciale des Bourbonnais, autant par leur pittoresque grandiose, l'importance et l'intérêt général historique et archéologique qui s'y attache, que par ce fait qu'il fut longtemps possédé par nos propres ducs de Bourbon et surtout achevé de construire par les fils de notre Louis Ier, les comtes de la Marche.

Ce château a été l'objet de nombreuses publications, le sujet de tableaux célèbres (1). Il reste encore, chaque année, le but de promenade de très nombreux touristes.

---

(1) Des descriptions archéologiques, historiques et géographiques ont été faites de ces ruines dans plus de 33 mémoires de sociétés savantes ou dans des

L'aimable M. l'abbé Rouzier, curé de Crozant, vient de publier (1), sur cette forteresse et l'église paroissiale, une très captivante étude qui, en faisant revivre en nous les souvenirs et les impressions que nous a laissés la visite (2) que nous fîmes en 1896 aux immenses ruines, nous a inspiré la pensée de conduire, à sa suite, les artistes et les archéologues du Bourbonnais, à travers l'histoire et les importants bâtiments de ce curieux château fort, historiquement « mi-partie » marchois et « mi-partie » bourbonnais.

Description

AUJOURD'HUI.

N a souvent tort — à notre humble avis du moins — d'aller chercher parfois très loin et par des déplacements dispendieux, des spectacles, des points de vue, des édifices, des ruines même, dont on peut voir des spécimens plus intéressants tout à fait chez soi...

C'est surtout à propos du château de Crozant que cette

notices spéciales; cinq romans signés : George Sand, Jules Sandeau, H. de Latouche, Blanchet, les ont prises comme théâtre d'exploits imaginaires; des poésies et diverses chroniques leur ont été consacrées; des artistes comme MM. Ernest Hareux, Prosper Galerne, Gaston Vuillier, Marc de Lajaumont, M.-J.-E. Bergeron, Paul Lemoine, en ont dessiné ou peint les restes imposants. On a pu en admirer les reproductions fidèles ou les tentatives de reconstitution aux salons de ces dernières années. Enfin d'innombrables dessins, estampes, gravures, ont popularisé ces ruines et même... le pinceau si pittoresque de M. F. Hugo d'Alès a transporté sur les affiches de la compagnie d'Orléans, qu'on trouve dans toutes les gares de son réseau ferré, la silhouette des « ruines de Crozant ».

(1) Les deux travaux les plus récents et les plus complets sur l'antique forteresse sont : *Crozant*, par M. Albert Mazet (Limoges, imp. veuve H. Ducourtieux, 1875 ; et à la même librairie, en cette année 1897, *Histoire illustrée des châteaux de Crozant et des Places*, par M. l'abbé Rouzier, curé de Crozant, à la prière duquel nous avons fait les deux dessins qui accompagnent la présente étude.

L'ouvrage de M. Rouzier se présente sous une forme séduisante, où les récits de batailles sont tempérés par de gracieuses légendes sur le castel, le tout rehaussé de jolies illustrations dues particulièrement à Madeline.

(2) En compagnie de M. l'abbé Bournichon, le distingué curé-doyen d'Ai-

remarque, qui n'est point d'une philosophie morose mais d'une observation pratique quotidienne, est, sans doute, à sa place.

En effet, où trouver tableau plus empoignant et ruines plus impressionnantes que ce qui reste du magnifique château féodal qui nous occupe ? (1)

Quand on descend, par des pentes rapides, dans les vallées formées par la Creuse et la Sedelle, à leur confluent, on a devant soi, — semblable à un géant de 700 mètres de long couché sur le dos, au soir d'une de ces gigantesques batailles de Titans, dont la légende a créé de merveilleuses épopées, — un promontoire qui s'avance, à pic, au milieu de deux précipices, entre les deux torrents roulant, le premier avec fracas, « des bouillonnements d'eau noire », le second « les glissements de son eau rougeâtre ».

Et tout autour, comme décor tout ensemble d'une poésie brillante, d'une désolation étrange et d'un aspect troublant, des étages de montagnes ondulées et sauvages, dont les roches, nourricières de sombres et vigoureux châtaigniers, percent çà et là le sol d'aiguilles menaçantes, au milieu de touffes de fortes bruyères roses et de genêts d'or.

George Sand (2), qui est une si triste moraliste, une si mauvaise historienne et particulièrement une si pauvre archéologue — ce qui est son moindre défaut, — a cependant fait de ce spectacle une description très littéraire et fort juste.

On nous permettra de citer la fin d'une page qui est le résumé fidèle des impressions qu'on éprouve à Crozant : « Tout cela, dit-elle, est d'une désolation si pompeuse et si riche d'accidents, que le peintre ne sait où s'arrêter. L'imagi-

gurandes, l'auteur de romans historiques et de pièces de comédies très goûtés, et qui devrait bien choisir l'impressionnant Crozant comme cadre d'une de ces histoires palpitantes qu'il sait si bien conter.

(1) Il faut lire toute la description d'une belle littérature et d'un rendu saisissant que le géographe Onésime Reclus consacre à ce merveilleux spectacle, dans le *Messager de la Creuse*, du 27 mai 1894.

(2) Dans : *le Péché de Monsieur Antoine*.

nation du décorateur ne trouverait qu'à retrancher dans ce luxe d'épouvante et de menace. »

Le peintre Hareux, qui, au musée du Luxembourg, a une fort belle toile intitulée : « Nuit d'août à Crozant », écrivait dans ses études de paysages, publiées chez Dentu, en 1894 : « qu'il n'a jamais vu un décor semblable à celui-là par un clair de lune... »

« Semblable, dit M. de Beaufort, aux squelettes pétrifiés de ces gigantesques fossiles qui étonnent par leur grandeur, le château de Crozant offre encore des restes qui peuvent donner une idée de sa splendeur première. »

Il est inutile, je pense, d'ajouter que l'imagination populaire, vibrant devant l'aspect imposant des ruines qui surgissent au milieu d'un si dramatique paysage, entourées de torrents qui produisent, à travers des blocs de rochers énormes, un mugissement perpétuel, conserve encore le souvenir des splendeurs d'autrefois, et mélange, comme partout, les récits des assauts supportés par la forteresse, aux sombres légendes des chevaliers bardés de fer, se battant sur la crête des hautes murailles ou jetés vivants dans d'imaginaires cachots creusés sous les tours, et aux gracieuses chevauchées des rayonnantes châtelaines ou aux ébats des « gentes pastourelles »...

Nous n'écouterons pas les échos de ces légendes... parce qu'elles ne viennent pas à notre sujet, et que d'ailleurs notre Bourbonnais est assez riche en ces sortes de récits pour n'avoir point à emprunter aux pays voisins.

Mais on s'explique facilement ces enthousiasmes d'artistes et ces frayeurs populaires, quand on parcourt, à travers les murailles branlantes qui croulent, ces immenses vestiges déchiquetés de l'antique forteresse; quand on va des ouvrages dressés pour la défense du pont-levis jusqu'à la tour Colin, en passant par le donjon en ruine, la grosse tour et la tour Renard, à travers les enceintes crevées, les murailles écrêtées et les chambres souterraines béantes...

AUTREFOIS.

Les historiens de ces majestueux restes de splendeurs féodales disparues se sont demandé depuis quand le château de Crozant est ainsi en ruine ?

Quelques-uns (1) avaient pensé qu'il fallait attribuer cet état d'abandon, puis de dévastation, à l'ordonnance de 1626 par laquelle le grand ministre d'État, le cardinal de Richelieu, prescrivait, pour donner le dernier coup à la féodalité dans sa force et dans son prestige, d'abattre les murailles derrière lesquelles les grands seigneurs rebelles ou mécontents pouvaient encore tenter de braver l'autorité royale. D'autres reportaient l'état de ruines à 1632, date de la mise en exécution de l'ordre du Cardinal par René le Voyer d'Argenson, intendant de la généralité de Limoges pour les châteaux de la province (2).

Mais il paraît prouvé aujourd'hui qu'il faut chercher ailleurs la cause de la décadence de cette forteresse, car le président Chorllon (3), dans ses *Mémoires écrits de 1635 à 1685*, dit de ce château « qu'il y a desjà long temps qu'il est en ruine, ce qui est sans doute arrivé par négligence que par aucun ordre de raser ce chasteau, qui apparemment avoit esté basty par nos comtes de la Marche, plus tost comme un lieu de force et de retraite que pour une maison de plaisance et lieu de longue résidence »...

Il suffit d'ailleurs de faire observer qu'en 1626, ce château relevait de la couronne, puisqu'il avait été confisqué avec les autres biens du connétable de Bourbon, et qu'ainsi, appartenant au roi, il ne pouvait être compris parmi ceux qu'on devait démanteler parce qu'ils portaient ombrage au souverain et pouvaient servir à troubler l'ordre public...

Crozant n'était qu'une forteresse, qui fut abandonnée à la fin

---

(1) M. l'abbé Lecler dans son article sur le vieux château (*Annuaire de la Creuse*), 1892, p. 168.
(2) *Cfr.* L'article de M. l'abbé Lecler.
(3) *Mémoires du président Chorllon, 1635-1685*. Publiés d'après le manuscrit original, par M. F. Autorde, archiviste de la Creuse, à Guéret, chez P. Amiault, 1886, p. 82 et 83.

de l'ère féodale, au moment où le pouvoir absolu d'une part et de l'autre l'apparition de l'artillerie dans la stratégie militaire dépouillaient tout vassal du rôle de chef militaire local pour en faire bientôt un courtisan résidant à Versailles.

Pour bien se rendre compte de l'état ancien du château, il faut se reporter à l'époque où les fils de nos ducs en étaient possesseurs, à la fin du xve siècle, qui est d'ailleurs le terme du régime féodal et aussi l'apogée de la splendeur et de la puissance des forteresses et des manoirs.

Alors, le voyageur ou l'artiste qui aurait voulu visiter le château aurait dû se présenter devant le pont-levis tourné du côté du bourg de Crozant et que surmontaient des ouvrages de défense admirablement combinés, protégés encore par l'immense donjon. On traversait, sur un pont, la tranchée profonde qui sépare la colline sur laquelle s'élève le bourg de Crozant du promontoire couronné par le château, puis on passait sous la herse, laissant derrière soi le front flanqué des deux tours carrées d'angle. On se trouvait dans la cour basse ou baille extérieure, entourée d'écuries et autres bâtiments. C'était la partie la plus accessible peut-être, puisque les autres, en outre des courtines chargées de tours et de bastions, reposaient sur des rampes inaccessibles. Mais, cependant, un ennemi n'aurait pu pénétrer plus avant, parce qu'il aurait été attaqué de quatre côtés différents, par les défenseurs logés aux quatre extrémités de ce carré, et il se serait trouvé pris comme en une souricière.

Quant à la partie centrale du château, elle était absolument imprenable avant l'invention de l'artillerie, sauf le cas où les vivres seraient venus à manquer. Mais pour parer à cet aléa, les constructeurs successifs de cette immense forteresse avaient très intelligemment creusé dans le bas de chaque tour, des salles en sous-sol, aménagées de manière à conserver très longtemps des provisions considérables. Ce sont ces pièces souterraines que les guides, *cabaretiers* du lieu, indiquent d'ailleurs, avec horreur, comme d'épouvantables oubliettes...

Un gigantesque donjon carré, constituait l'habitation seigneuriale et guerrière, et s'élevait dans la seconde cour, réservée au logis et à ses dépendances, au centre du promontoire, flanqué vers le nord d'une grosse tour destinée à tenir en respect les assaillants qui se seraient rendus maîtres de la baille.

Ce donjon est fort curieux à étudier, c'est une tour très haute mesurant treize mètres de côté, à trois étages non compris le rez-de-chaussée. L'entrée en était défendue par un ingénieux système et par les mâchicoulis du couronnement qui s'élevait peut-être à 20 mètres du sol. L'escalier, qui desservait tous les étages, ainsi que les amorces des hottes de cheminée, sont encore debout et en partie visibles. Ces aménagements sont du xve siècle.

Une citerne, construite en granit, a été creusée entre le donjon et l'entrée de la seconde cour.

Dans la troisième, la plus élevée du plateau, étroite de 16 à 18 mètres et longue de 140 mètres, s'élevait la grosse tour, édifiée par Isabelle d'Angoulême entre 1217 et 1245, mesurant 12 mètres de diamètre et dont les ruines imposantes dominent encore majestueusement tout ce paysage.

Quand on allait de cette tour à la « tour du Renard » située à l'extrémité méridionale de la cour, on rencontrait à droite une petite poterne qui s'ouvrait sur un raidillon conduisant à la « Tour de l'eau », tour détachée, nichée dans une échancrure de rochers, dont les pieds baignent dans la Creuse et qui paraît avoir été construite pour permettre aux assiégés d'aller en sûreté à la provision d'eau, si la citerne de la seconde cour tombait par extraordinaire entre les mains d'assiégeants, ou ne fournissait plus de liquide en quantité suffisante.

La tour du Renard, qui fermait et protégeait au midi cette enceinte, se composait, au rez-de-chaussée, d'une chambre octogonale voûtée d'arêtes avec consoles sculptées, et possédait un escalier tournant dans l'intérieur de ses murailles.

Enfin, à l'extrémité et sur la dernière pente du promontoire, se dressait la « tour Colin », construite également au XIIIe siècle, mesurant 10 mètres de diamètre, et renfermant des salles carrées éclairées par d'étroites meurtrières.

Tous ces ouvrages, dont des débris imposants subsistent encore, étaient reliés par une double enceinte de courtines que défendaient de loin en loin des tourelles et des bastions percés de meurtrières, placées de façon à tirer en écharpe et à empêcher toute tentative de minage et de sape.

Ajoutons que le château est orienté du sud au nord et couvre une surface qui mesure environ 450 mètres de longueur, sur 82 mètres dans sa plus grande largeur et que, comme le faisait remarquer M. Jouilleton, 10,000 hommes auraient pu s'établir dans son enceinte.

Tel est, à grands traits, l'aperçu archéologique et descriptif de cette vaste forteresse, qui constituait une place de premier ordre à l'époque féodale.

Historique

N évoquant l'histoire du château de Crozant et en ressuscitant, par la pensée, la forteresse dans sa splendeur féodale, nous estimions qu'elle méritait d'être rangée à côté de celles de Bourbon-l'Archambault et de Murat qui intéressent si vivement notre histoire bourbonnaise.

Il semblait à M. Onésime Reclus que, d'une aire aussi fièrement accrochée à l'antique frontière d'oïl et d'oc, il aurait dû sortir une de ces familles de seigneurs dont le temps a fait des dynasties royales...

Ce géographe n'était pas autorisé à trop plaindre le château de Crozant, puisque nos ducs de Bourbon, dont le temps « a fait une dynastie royale », ont par eux-mêmes ou par les fils

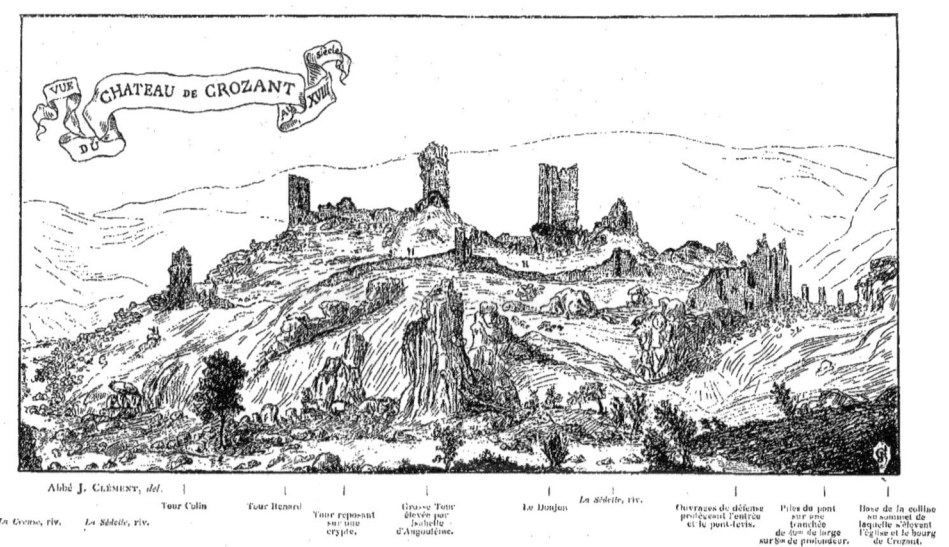

RUINES DU CHATEAU DE CROZANT (Creuse).

Autrefois à Louis Ier, Pierre Ier, Jean II, Pierre II, Suzanne de Bourbon, le connétable de Bourbon, ducs du Bourbonnais, et aux comtes de la Marche, descendant de Louis Ier, duc de Bourbonnais.

Vue prise du côté de la Sédelle.

(d'après un tableau de Parmentier daté de 1801, et en l'état où elles se trouvent, à peu près, encore aujourd'hui.)

puînés de leur maison, et ce, pendant trois siècles — de 1327 à 1622, — possédé le château et la terre de Crozant.

Sans nous étendre plus qu'il ne convient ici sur les *origines* historiques de cette vaste forteresse, disons, en passant, qu'on constate l'existence, vers la fin de l'ère mérovingienne(1), d'une habitation militaire dans le lieu où devait s'élever plus tard le château de Crozant.

D'après Jouilletton (2), en 780, Charlemagne, après avoir proclamé son fils Louis roi d'Aquitaine, avait confié ce prince, âgé de trois ans, au duc Arnold, et s'assurait par lui-même que ce sage ministre avait pourvu toutes les marches ou frontières, de chefs de garnisons et de forteresses destinés à les garder et à les défendre. C'est ainsi que le grand empereur aurait regardé Crozant comme une des quatre résidences princières du royaume et y aurait pris plusieurs quartiers d'hiver : « *ivit Carolus in castellum Crosæ* » (3).

Louis le Débonnaire, après avoir tenu une diète à Orléans, en 832, se serait rendu dans la Marche, à Crozant, *maison royale*, et, de là, aurait envoyé à Pépin, qui gouvernait l'Aquitaine, l'ordre de venir le rejoindre. Ce dernier, avec lequel le roi avait d'assez graves démêlés, souleva la province dont il était gouverneur, et Louis, ne se sentant pas en sûreté à Crozant, aurait quitté son manoir et se serait replié sur la Loire.

Mais, comme en ce monde-ci, toute chose, même glorieuse, connaît tôt ou tard la décadence, Crozant, de *maison royale*, tomba bientôt en propriété seigneuriale et fut successivement possédé, au xie siècle, par une famille qui empruntait son nom même au fief (4) et, au xiiie siècle, par les célèbres

---

(1.) M. Antoine Thomas fait venir Crozant de *Crosenc*, formé du nom de la Creuse (*Crosa*), et du suffixe roman *enc*; étymologiquement de *Creuse*, c'est-à-dire château sur les bords de la Creuse ; ce qui exclut, fait remarquer M. Mazet, toute origine antérieure à la période mérovingienne très avancée.

(2) *Histoire de la Marche et du pays de Combraille.*

(3) Cfr. *Histoire illustrée du château de Crozant et des places*, par M. l'abbé Rouzier; qui cite, p. 12, les archives de Lourdoueix-Saint-Michel.

(4) Jouilleton cite en effet, en 1018 « un Gerald, vicomte de Crozant », *ouv. cité*, p. 131.

Lusignan (1), dont l'un d'entre eux, Hugues XII, en 1301, céda Crozant et le comté de la Marche à Philippe le Bel, « malgré, dit M. l'abbé Rouzier, les efforts de son frère Guy pour conserver ce fief à la famille ». Marie de Lusignan ratifia cette vente en 1308, et le roi érigea le comté en pairie en faveur de son plus jeune fils, devenu roi de France sous le nom de Charles le Bel.

Ce fut ce prince qui échangea avec son cousin, notre Louis Ier, *duc de Bourbonnais*, le fils de son grand oncle Robert de France, sixième fils de saint Louis, le comté de la Marche, dont la forteresse de Crozant dépendait, contre le comté de Clermont en Beauvaisis.

A la mort de Louis Ier, ce fut son fils PIERRE Ier, *duc de Bourbonnais*, qui hérita de Crozant comme comte de la Marche (2), titre qui passa à son frère Jacques Ier, seigneur de Ponthieu, capitaine général pour le roi en Languedoc, connétable de France, tige des comtes de la Marche de la famille de Bourbon, qui mourut en 1361.

Il eut pour successeur dans ses biens, et par le fait Crozant comme possesseur, son fils, JEAN Ier *de Bourbon*, comte de la Marche et de Vendôme, auquel Guy de Chauvigny, seigneur de Châteauroux et vicomte de Brosse, qu'on retrouve dans l'*Histoire de la terre d'Huriel*, rendit foi et hommage, comme vassal des fiefs de la Marche, en 1373. Jean mourut en 1393.

Jacques II de Bourbon, son fils, lui succéda en 1393 dans

---

(1) Hugues X de Lusignan, comte de la Marche, s'étant, sur les conseils de sa femme « la vindicative Isabelle d'Angoulême », rendu coupable d'injures graves envers le comte de Poitiers, frère de saint Louis, fit sa paix avec lui et, le 3 août 1242, s'engagea, comme preuve de ses bonnes dispositions, à lui remettre, en garantie, trois de ses châteaux : *Crozant*, Merpin et Château-Larcher ; le premier étant estimé valoir à lui seul les deux autres réunis. — *Cfr. Crozant*, par M. Albert MAZET, p. 16.

(2) Pierre Ier nomma Guillaume Foucault, fils de Gui Foucault, seigneur de Saint-Germain-Beaupré, à la fonction de capitaine-gouverneur du château de Crozant, et, par lettres patentes du 3 juin 1347, lui donna plein pouvoir de contraindre ses sujets à prendre les armes pour la défense de cette place (*cfr. Histoire des châteaux de Crozant*, etc., par M. l'abbé ROUZIER, p. 19, qui cite Jouhanneaud).

la possession du comté de la Marche. Ce Jacques est une des plus curieuses figures de ce temps, plein pourtant de si intéressants personnages. Né en 1370, grand chambellan de France en 1397, il avait épousé en 1406 Béatrix de Navarre, fille de Charles III, roi de Navarre, et d'Eléonore de Castille. Devenu veuf en 1415, il ne tarda pas à se remarier avec Jeanne II, reine de Naples et de Sicile, et devint, par ce fait — dès 1415, — roi infortuné de Naples.

Olivier de la Marche a raconté ses malheurs singuliers et sa fin extraordinaire. Il y a là une page d'un haut intérêt anecdotique et historique qu'on lira, croyons-nous, avec plaisir, et que nous donnons plus loin tout entière, sous forme *d'appendice* à cette étude.

Jacques de Bourbon, alors roi de Naples et destiné à mourir sous le froc d'un franciscain, entra en possession de la forteresse de Crozant comme des autres biens des comtes de la Marche. Et c'est en qualité de seigneur de Crozant qu'on le voit donner, par lettres du 31 mars 1416, datées de Naples, en présence de la reine Jeanne, sa femme, à son « très chier varlet de chambre, *Pierre de Trousseboys* », écuyer, de la famille bourbonnaise si connue, « un hostel, maison et masure sis en la ville de Crozant », dans « la grant rue qui conduit à l'église, en considération des services rendus au temps passé, fait encore chascun jour en plusieurs et maintes manières » (1).

(1) Voici la copie de ce titre extrait de l'ouvrage de M. Mazet, dont l'extrême obligeance en a autorisé la reproduction intégrale.

Don par Jacques de Bourbon, comte de la Marche, à Pierre Troussebois, écuyer, son valet de chambre, d'une maison, sise à Crozant, près de l'église (31 mars 1416, n. st.).

Jaques, par la grace de Dieu, roy de Hongrie, Jerusalem, Sicile, Dalmacie, Croacie, Ranie, Servie, Galice, Lodemerie, Comanie et de Bulguerie, conte de la Marche, de Castres et de Provence, de Forcalquier et de Piemont, a tous ceulx qui ces presentes lettres verront, salut. Savoir faisons que nous, pour consideracion de plusieurs grans et...... services que nous a faiz au temps passé, fait encores chascun jour en plusieurs et maintes manieres et esperons que face ou temps advenir, nostre b[ien]....... et tres c[hier] varlet de chambre Pierre Trousseboys, escuier, a icellui Pierre et Jehanne de Landes, sa femme, et aux hoirs et successeurs dud. Pierre de lui nez [et a naistre en] legitime et

Nous voyons quelques années plus tard, Jacques de Bourbon investir Messire Guerin, seigneur de Brion, des importantes fonctions de capitaine du château de Crozant, à la place de son « très chier et amé cousin » le sire de Perrusse, l'invitant à prendre possession « des provisions, garnisons, garnimens d'artillerie et autres habillements de guerre existant à Crozant » (1).

L'extrait que nous donnons des *Mémoires* d'Olivier de la

loyal mariage, de nostre certaine science, grace especial, plaine puissance et auctorité, avons donné et octroyé et par ces présentes donnons et oct[royons des maintenant a tous] jours mais perpetuelment par manière de don irrevocable, un certain hostel et maison et masure et place tenant et appartenant aud. hostel avecques [to]utes........ appartenances, jardins, places et masures et appendences et revenues dud. hostel et masure que nous avons et nous appartient en nostre ville de Crosent..... depuis... temps en ca advenuz et escheuz pour certaines et justes causes, icellui hostel et masure situez et assis ainsi qu'ilz se comportent devant l'église....... ville de Crossant tenant d'une part a la grant rue qui va de la dite eglise a l'ostel de Jehan Sayer, bouchier dud. lieu, et d'un autre coste a....... par derriere la dite eglise en la ville et aux champs a iceulx hostelx, maison et masure avecques toutes leurs dites appartenances, revenues et appendances....... et icelle franchement et quittement par ledit Pierre et sa femme et pour les hoirs et successeurs dud. Pierre nez et a naistre de lui....... en legitime et loyal mariage comme dit est, sans aucun devoir ou redevance quelxconques. Si donnons en mandement a noz gouverneurs........ de noz terres et pays de France ou a son lieutenant, a nos seneschal de nostre conté de la Marche et a tous nos autres justiciers et officiers ou a leurs lieuxtenans presens et advenir et a chascun d'eulx qu'il appartiendra que dud. hostel, maison et masure dessusdiz et de leurs d. appartenences, mettent et instituent, facent mettre et instituer lesd. Pierre et sa femme en possession et saisime et d'iceulx, ensemble desd. appartenances, revenues, appendances lez facent, seuffrent et laissent et leurs d. hoirs joir et user plainement et paisiblement en la manière dessus dite a tous jours mais, perpetuellement sans contredit ou empeschement aucun, car ainsi nous plaist il et voulons estre fait, nonobstant quelxconques ordonnances, restrinctions, mandemens ou deffenses ad ce contraires. En tesmoing desquelles choses nous avons fait mettre nostre scel a ces presentes et icelles signées de nostre main. Donné en nostre chastel neuf de Naples, le penultieme jours de mars lan mil C C C C et quinze, et de nostre regne le premier. Jacques. – Et sur le repli : Par le roy en son conseil auquel estoient messeigneurs le grant connestable, l'admiral, le seigneur de Saint Morice, conte Cambellan, messire Tristan de Clermont, messire Jaques de Mailli, grant seneschal, l'arcevesque de Conches, le seigneur de Bryon et plusieurs autres presens. — Verdevonne. — Orig. en parchemin, jadis scellé ; signature autographe de Jacques de Bourbon. (*Arch. nat.*, p. 1363¹, n° 1225.)

(1). *Archives nationales*, p. 1363², n° 1207.

Abbé J. CLÉMENT. del.

ÉGLISE DE CROZANT

A gauche de l'église, on aperçoit le commencement de la « Grand'rue » qui va à l'église et dans laquelle se trouvait « l'hostel avec toutes appartenances, jardin, places et masures » concédés par Jacques II à Pierre de Troussebois. La maison que l'on voit en face du chemin et en bordure de la rue située devant l'église, paraît avoir été construite sur les restes de « l'hostel » de Troussebois et peut-être sur ses fondations.

Abbé J. Clément, del.

ÉGLISE DE CROZANT

    A gauche de l'église, on aperçoit le commencement de la « Grand'rue » qui va à l'église et dans laquelle se trouvait « l'hostel avec toutes appartenances, jardin, places et masures » concédés par Jacques II à Pierre de Troussebois. La maison que l'on voit en face du chemin et en bordure de la rue située devant l'église, paraît avoir été construite sur les restes de « l'hostel » de Troussebois et peut-être sur ses fondations.

Marche nous apprendra bientôt comment et quand mourut le seigneur de Crozant, « roy de Naples, de Hongrie, de Jérusalem, Sicile, Dalmacie, » etc...

Jacques laissait une fille, Eléonore, comtesse de la Marche, qui porta, en 1435, Crozant et les terres du comté à Bernard d'Armagnac, qu'elle avait épousé six ans auparavant.

Leur fils, Jacques d'Armagnac, leur succéda dans la possession des propriétés de la Marche. Il eut, lui aussi, comme son grand-père, de nombreuses aventures, encore plus tristes et d'un dénouement plus tragique. Né, en 1437, duc de Nemours en 1462, pair de France, comte de Pardiac, de la *Marche* et de Castres, vicomte de Carlat et de Murat, il entra dans la Ligue du Bien public, obtint son pardon, fut nommé gouverneur de Paris et de l'Ile-de-France en 1465. Comme il avait noué, à nouveau, des intrigues contre le roi, il fut arrêté et enfermé à la Bastille dans une cage de fer, en 1476, condamné à mort et exécuté l'année suivante, à l'âge de 40 ans. On sait qu'on plaça ses enfants sous l'échafaud pour qu'ils fussent baignés dans son sang !...

De son mariage avec Louise d'Anjou, en 1462, l'infortuné Jacques avait eu deux fils et deux filles. Ce fut Catherine d'Armagnac, sa dernière fille, qui hérita de Crozant et des autres fiefs du comté de la Marche, un instant confisqué par Louis XI. Elle porta ces biens à notre *duc de Bourbonnais*, JEAN II, par son mariage, en 1484.

Ainsi Crozant et le comté de la Marche revenaient une seconde fois dans le patrimoine de nos ducs de Bourbonnais.

Ils ne devaient pas y rester bien longtemps.

Notre duc Jean, étant mort sans postérité légitime, bien qu'il se fût marié trois fois, le comté de la Marche, avec Crozant, passa aux mains de son frère, Pierre de Beaujeu, qui devint, par l'accord passé avec son frère aîné, le cardinal de Bourbon, archevêque de Lyon, PIERRE II, *duc de Bourbonnais et d'Auvergne* et fut plus tard gouverneur du Languedoc, chef des conseils du roi, régent de France, en 1483, comte de Clermont, de Forez, etc., lieutenant général du royaume en 1494. Pierre mourut en 1503, laissant ses biens à notre *duchesse* SUZANNE, qu'il avait eue de « Madame Anne de France » et qui, deux ans après la mort de son père, épousa le *connétable de* BOURBON.

C'est sur lui que le comté de la Marche fut saisi, réuni à la couronne en 1522 et donné seulement en apanage aux princes et princesses de la maison de France (1).

La terre et seigneurie de Crozant ne restèrent attachées directement au domaine royal que jusqu'à Louis XIII.

Ce prince, pour subvenir, dit l'acte de cession, « aux besoins pressants de la guerre », vendit, en 1646, Crozant et ses dépendances à Henri Foucault, seigneur de St-Germain-Beaupré, capitaine de chevau-légers, à la suite de deux adjudications.

Messire Jean *Brinon*, sieur de Beaunai, « trésorier de France, général des finances, à Moulins », s'était transporté sur l'ordre du roi à Crozant, en février 1640, pour estimer la valeur du château déjà en ruine, comme le constate son rapport (2).

Enfin, des Foucault (3), la terre et seigneurie de Crozant

(1) C'est ainsi que ce comté fut successivement l'apanage de la jalouse Louise de Savoie, mère de François Ier, qui héritait des biens du connétable, faute de l'avoir eu lui-même à discrétion ; de Louis-Charles de Bourbon, fils d'Antoine, roi de Navarre ; de Jean, duc d'Anjou, qui devint notre roi Henri II ; d'Elisabeth d'Autriche, veuve de Charles IX ; de Louise de Lorraine de Vaudemont, sa veuve ; de Marie de Médicis ; d'Anne d'Autriche ; d'Henri de Bourbon, fils du prince Henri de Condé ; de Louis Henri de Bourbon, le frère du précédent ; de François-Louis de Bourbon-Conti ; de Louis-François-Joseph de Bourbon-Conti qui le possédait en 1789. (*Cfr*. l'ouvrage cité de M. l'abbé Rouzier, p. 23. Le docte curé raconte toute l'histoire de ces derniers siècles, en mêlant aux récits de luttes que dut soutenir le château de Crozant, des légendes qui s'y rapportent et qui forment un récit très captivant.)

(2) *Archives nationales* Q¹ 168-170. — *Cfr*., Dans les ouvrages cités de M. Mazet et de M. l'abbé Rouzier, l'acte *in extenso*, dont la lecture est fort intéressante parce qu'on se rend compte de l'état avancé de ruine de la vieille forteresse.

(3) Henri Foucault mourut le 12 septembre 1678. Crozant, après lui, devint la propriété de son plus jeune fils Gabriel-François et, plus tard, de son aîné, Louis Foucault ; puis, en 1719, du fils de ce dernier, Armand-Louis-François ; en 1732, d'Anne-Françoise Foucault, mariée à Anne-Bonne Doublet de Persan.

passa en 1766 entre les mains d'Anne-Nicolas Doublet de Persan qui, lui-même, la revendait en 1786, 145.960 livres, à Sylvain de la Marche, des anciens comtes de la Marche dont les descendants sont encore propriétaires indivis des importants débris de la forteresse.

Au milieu de ce siècle, en 1858, un jugement du tribunal civil de Guéret, rendu au profit de M. le comte de la Marche, décida, contre le bourg de Crozant, que toutes les ruines étaient la propriété de la famille du demandeur (1).

Et, aujourd'hui encore, on ne parcourt les restes de la forteresse féodale, ruinée chaque jour davantage (2) depuis la fin du xve siècle, que sur l'autorisation et souvent la conduite d'un hôtelier, mandataire de M. le comte de la Marche, qui en est constitué le *gardien*, le surveillant et aussi, parfois, le cicérone...

Nous avons vu l'importance militaire du château de Crozant et les principaux seigneurs qui le possédèrent, nous croyons utile de donner en terminant cette étude et pour faire apprécier la puissance de la châtellenie dont la forteresse était le siège, la liste des *arrière-fiefs* qui relevaient de lui.

C'est grâce à l'aveu des seigneurs de Châteauroux à notre Jean de Bourbon, comte de la Marche, qu'on peut se rendre assez exactement compte de l'importance de la châtellenie au XVIe siècle.

Guy de Chauvigny reconnaît que « *Soubz le chastel et chastellenie de Crozent ressort les choses qui s'ensuivent*, c'est-à-dire :

---

(1) M. le comte Attale de la Marche, fils du comte Antoine et de mademoiselle Antoinette de Loubens.

(2) Le bourg aujourd'hui assez important de Crozant s'est, en partie, reconstruit avec les pierres, souvent armoriées, arrachées aux murs de la forteresse. Ce bourg, pourtant, est presque aussi ancien que le château. On y rencontre dès le xve siècle (1462) « deux écoles, très florissantes, l'une où les enfants du peuple recevaient gratuitement un enseignement proportionné à leurs aptitudes et à leurs besoins sociaux, l'autre où les jeunes gens qui se destinaient à la carrière ecclésiastique apprenaient les lettres grecques et latines et recevaient une éducation conforme à leur vocation. » (M. l'abbé Rouzier, *ouv. cité*, p. 60.) — La Bibliothèque nationale conserve quatre manuscrits copiés au xve siècle, par un savant prêtre de Crozant, M. Michel Gounot (*cfr*. M. MAZET, *Crozant*).

Dun-le-Palleteau, avec toutes ses dépendances ; « l'estang de Lagemorin » (*commune de Saint-Sulpice-le-Dunois*) ; les forêts, bois, garennes de Chabaneis (*commune de Naillat*) ; la « quarte partie de la justice » de Naillat, la justice de Faguierseise ; la terre et justice d'Eguzon, les terres de Château Clos (*autrefois paroisse d'Anzême*) ; la terre et la justice de Murat (*commune de Saint-Plantaire* ; la terre et justice de Vouhet (*commune de Dunet*) ; une rue à Aigurande (1) ; le château de Malval ; les terres de Lourdoueix-Saint-Michel et de Meanes (*canton de Bonnat, Creuse*) ; le château de Moutier-Malcard (*id.*) qui appartenait par moitié au seigneur de Saint-Sévère et à celui de Malval ; la terre de Montmartin (?) (*commune de Lourdoueix-St-Pierre*) ; les terres de Nouziers (*canton de Châtelus-Malvaleix, Creuse*) ; le châtel de Moneroux (*commune de Clugnat, Creuse*) ; ses terres de Clugnac (*canton de Châtelus-Malvaleix*) ; ses biens à Frescelines (*canton de Dun*) ; à Nouzerolles (*canton de Bonnat*) ; les villages de Ville-chiron (*commune de Lourdoueix-Saint-Pierre*) ; de Virly (*id.*), et de Le Repeire (*commune de Chéniers*) (2).

Tel était, comme forteresse, comme fief et comme châtellenie, Crozant, dont les ruines si intéressantes pour l'historien et l'archéologue, devaient être signalées à l'attention des Bourbonnais érudits...

Il ne nous reste plus maintenant qu'à poser la plume et à ouvrir les *Mémoires* de Messire Olivier de la Marche, pour y lire la curieuse page que l'excellent homme consacre aux faits et gestes et à la mort édifiante d'un des possesseurs de Crozant, Jacques de Bourbon...

---

(1) « Nous cognoissons et havehons a tenir de nostre dit seignour en fiex et homage la rue de Gurande, laquelle est assise juxte le cementiere d'Agurande (*arrondissement de la Châtre*), le chemin entre deux, eussi comme l'on vait de Malval (*canton de Bonnat, Creuse*) [a] Argenton ou a Cluys (*auj. Cluis, canton de Neuvy-Saint-Sépulcre, Indre*), et les homes demorans en la ditte Rue en toute justice aulte, basse, meane et impere. »

(2) Ce document ajoutait : « Et supplions à nostre dit seigneur (Jean de Bourbon) que si aucunes chouses avons oblié à metre en ceste presente nommée que nous deyons tenir de li, qu'il li plaise de le nous fere assavoir, quar nous sommes tous pretz de lavoher a tenir de luy. »

APPENDICE

Extrait des « Mémoires de Messire Olivier de la Marche » [1]

(Premier livre, chapitre premier, page 113 de l'édition de 1616).

« Comment messire Jaques de Bourbon, comte de la Marche, mari de la dernière Royne Jehanne de Naples, se rendit Cordelier à Besançon. »

. . . .

EN celuy temps (à scavoir en l'an 1435) vint audict lieu de Pontarli, le comte de la Marche, Iaques de Bourbon, qui avoit esté Roy de Naples et avoit renoncé au Royaume, à la couronne et au monde, pour prendre l'habit de sainct François, et devenir Cordelier de l'Observance, et tiroit à Besançon, auquel lieu il vescut depuis longuement Cordelier : et de son cas et de son estat ie deviseray cy-après ; qui fut tel qu'il s'ensuyt. — Peu de temps avant trepassa de ce siecle le Roy Lancelot de Naples, et ne laissa nuls enfans de son corps ; mais demoura Royne et heritiere du Royaume de Naples et de Sicile, une sienne sœur, nommée Madame Iovenelle. Celle Royne se maria à un moult bel et vertueux chevalier, du sang Royal de France,

---

(1) « *Les Mémoires de messire Olivier de la Marche*, troisiesme édition, reveuê, & augmenté d'un Estat particulier de la Maison du duc Charles le Hardy, composé du mesme auteur et non imprimé cy devant. A Bruxelles, chez Hubert Antoine, imprimeur de la Court, à l'Aigle d'or près du Palais, 1616. »
(Bibliothèque de feu M. Cholet, à Cublize (Rhône) : communiqué par son petit-fils, M. Léon Picard, qui a bien voulu transcrire pour nous cette longue citation. — Les « Mémoires » qui s'étendent de 1435 à 1492 furent publiés pour la première fois à Lyon en 1562, in-fol., et souvent réimprimés à cause de leur intérêt militaire et anecdotique ; ils ont même eu l'honneur d'être insérés dans la *collection de Mémoires sur l'Histoire de France.*) '

& de la maison de Bourbon, de nom et d'armes ; et se nommoit messire Iaques de Bourbon, comte de la Marche : et par iceluy mariage fut celuy de Bourbon Roy de Sicile et de Naples. Ceste Royne Iovenelle fut de tres grand esprit, et Dame qui sçavoit et valoit beaucoup, et dont le Royaume en generalité, se tenoit fort content ; et par aucun temps, le Roy Iaques et elle, regnerent à Naples en grande prosperité, amour et union : mais par succession de temps, celle union se changea et mua entre eux deux, en soupçon et defidence, dont i'ay ouy recorder diversement. Les uns disoyent que le Roy Iaques vouloit trop maistrisamment vivre avec elle, tant sur le gouvernement du Royaume, comme sur les plaisances et passetemps. Autres disoyent, que la Royne ne prit pas bien en gré aucunes assemblées de Dames, par maniere de festimens, que iournellement faisoit le Roy ; dont elle conceut aucune ialousie ; qui moult empira le repos des courages de chacune partie. Fut par l'une ou par l'autre voye, il advint, que par succession de temps, elle se voyant Royne, et Dame de la terre, aimée et obeye de tous, et cognoissant que son mary estoit estrangier, non Roy ne Seigneur en celle seigneurie que par elle, soubtivement et par grande malice, se fit forte de ses gens et suiets, et prit et emprisonna le Roy Iaques son mary, et le mit en l'une des plus fortes tours du Chastel de Constans en Naples, auquel Chastel il demoura long temps prisonnier et enfermé ; et toutesfois luy monstra ladicte Royne telle amour, et affection par longue espace, qu'elle mesme luy portoit et bailloit les mets de son boire et de son manger, doutant qu'autre, non scachant l'amour qu'elle lui portoit, et cuidant complaire à elle, ne l'empoisonnast.

Tant dura celle estrange amour et ceste seureté, sous main fermée et close, qu'elle elongna privauté, et par fois se tenoit la Royne en autres de ses palais et de ses chasteaux, et le Roy Iaques (qui moult bel chevalier estoit et en fleur d'aage) s'ennuyoit en celle prison, et avoit regret d'user sa vie en telle captivité. Si s'appensa que la mer flotoit assez pres d'iceluy Chastel : et tant soubtiva avecques aucunes de sa fiance, qu'un petit batel luy fut amené, où il entra secretement, et se tira iusques hors du Royaume, où il demoura certain temps : et disent les aucuns, qu'il echapa par soubtivité et par aide de serviteurs et d'amis : et d'autres disent, et me semble assez vray-semblable, que la Royne (qui ne vouloit ne sa mort ne sa compaignie) avoit fait iouer et consentir le personnage de son echapement et de sa delivrance.

Longuement demoura le Roy Iaques en Italie en grand regret, et à peu de plaisances ; toutesfois menant moult belle et honneste vie de sa personne ; et en lieu de pompes et grandes cheres passées, il prit le ply, et la devotion de mener vie contemplative et très devote.

En celuy temps regnoit une moult saincte et devote femme, Religieuse de Saincte Claire, au pays de Bourgongne, nommée sœur Colette *.

Celle femme alloit par toute la Chrestienté, menant moult saincte vie, et edifiant maisons et Eglise de la Religion s. François, et de saincte Claire : et ay esté acertené que par son pourchas, et par sa peine, elle, avoit edifié de son temps, trois cens quatre vingt Eglises de femmes encloses et enfermées ; dont il advint que celle sœur Colette fut advertie du cas du Roy Iaques, ou par la voulonté de Dieu, ou par rapport ou autrement : et pourtant se trouva devers luy, et tant luy monstra des variances du monde et des tours et retours de fortune, ensemble de la brieveté de ceste mortelle vie, qu'il prit confort en son adversité, advis sus les dangers à venir, et resolution d'attendre la mort asseurée, au chemin de religieuse pénitence, et se delibera de prendre l'habit de sainct François, et de se rendre en l'observance, en la tierce ordre, (car encores vivoit la Royne sa femme) et choisit le lieu de sa demeure à Besanson, en la comté de Bourgongne. Ce qu'il fit et executa : et de present ; je me tay de parler et d'escrire de telz commencemens, par moyens non veus, pour deviser ce que i'ay veu de ceste matiere, & comment, ne pas quelle maniere, il entra au lieu de Pontarli, où ie fus present, comme dessus est dict.

Le Roy Iaques de Naples se tira des Italies, au pays de Bourgongne, au lieu de Besanson ; et me souvient que les gens d'Eglise de la ville de Pontarli, ensemble les Nobles, les Bourgeois, et marchans, firent une congregation et une assemblée, par procession, pour aller au devant du Roy Iaques, qui venoit en ladicte ville, et y mena le maistre de l'escole ses escoliers, duquel nombre i'estoye, et ay bien memoire que le Roy se faisoit porter par hommes, en une civiere telle sans autre different, que les civieres en quoy l'on porte les siens et les ordures communement : et estoit le Roy demy-couché, demy-levé, et appuyé à l'encontre d'un pauvre mechant derompu oreiller de plume. Il avoit vestu pour parure, une longue robe d'un gris de tres-petit pris, et estoit ceint d'une corde nouée à façon de Cordelier, et en son chef avoit un gros blanc bonnet

(*) Ceste Collette trespassa à Gand en l'an 1447 après avoir reformé les
» Religieuses de saincte Claire, de l'ordre desquelles elle estoit. C'est celle
» que Masseus au huictiesme livre de ses Croniques dit avoir desprisé en ses
» oraisons saincte Anne, pource qu'elle avoit esté trois fois mariée : iusques à
» ce que saincte Anne avec ces trois filles, qui furent les trois Maries, et ses
» nepveulx filz d'icelles luy fussent apparuz en vision, disant à ladicte Colette :
» ne me déprisez point fille, attendu que par ma generation, le Ciel et la
» terre sont aornez, apres laquelle vision Colette l'eust tousiours en grande
» veneration. » (Note de l'éditeur de 1616, je crois.)

(que l'on appelle une cale) nouëe par dessous le menton, et de sa personne il estoit grand chevalier, moult beau et moult bien formé de tous membres. Il avoit le visage blond et agreable : et portoit une chere ioyeuse en sa recueillette vers chacun ; et pouvoit avoir environ quarante ans d'aages ; et après luy venoyent quatre Cordeliers de l'observance, que l'on disoit moult grans clercs, et de saincte vie ; et après iceux, un peu sur le loing, venoit son estat, où il pouvoit avoir deux cens chevaux, dont il y avoit litiere, chariot couvert, haquenées mules et muletz dorez et enharnachez honorablement. Il avoit sommiers couverts de ses armes et nobles hommes et serviteurs, tres-bien vestus, et en bon poinct ; et en celle pompe humble, et devote ordonnance, entra le Roy Iaques en la ville de Pontarli, et ouy racompter et dire, qu'en toutes villes où il venoit, il faisoit semblables entrées par humilité : et en cest estat fut conduit en son logis, et de là tira à Besanson, où ie le vis depuis Cordelier rendu et voüé en la religion (car sa femme estoit trespassée) et fut la venue du Roy Iaques en Bourgongne environ la Magdaleine mil quatre cens trente cinq : et combien qu'en ce ieune aage, où i'estoye, ie feisse de ceste chose plustost une grande merveille, qu'un grand extime, certes depuis en croissement de iours et d'aage, a rememorer ceste matiere, i'en fay et extime et merveille.

Quant à la merveille, ne fait-il pas à emerveiller de veoir un Roy, né et yssu de Royal sang, fugitif de son Royaume, et issant freschement de la prison de sa femme, et de la servitude de celle, qui par raison du serment de mariage lui devoit estre sujette ? Touchant l'estime, quand depuis i'ay pensé, et mis devant mes yeux l'autorité Royale, les pompes seigneurieuses, les délices et aises corporelles et mondaines, lesquelles en si peu de temps furent par cestuy Roy mises en oubli et nonchaloir, certes selon mon petit sens i'en fay une extime pleine de merveille, et a tant me tay, et fay fin à ma premiere aventure. »

Moulins. — Imprimerie Etienne Auclaire.

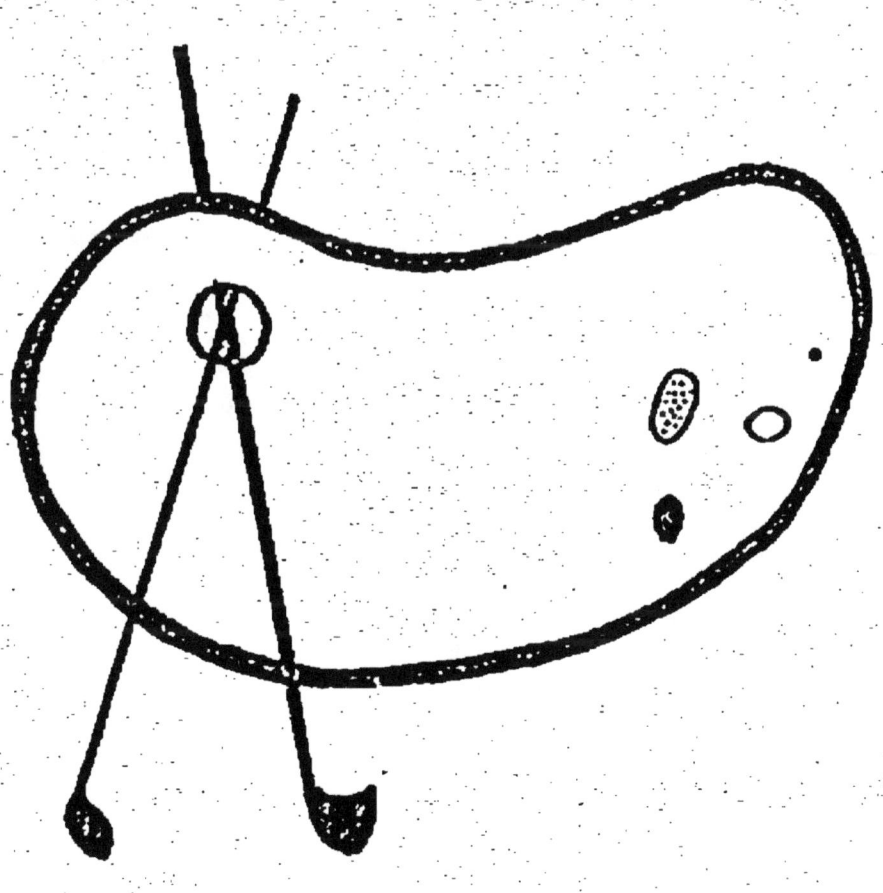